DE L'AMOUR
ET DE
SA PUISSANCE SUPRÊME,

OU

DÉVELOPPEMENT DE SES ŒUVRES DANS LA NATURE ET DANS NOS CŒURS.

Par M. J. CHEVRET, de la Section & de la Bibliotheque du Roi.

POUR servir de suite & de complément à SON EPITRE A L'HUMANITÉ ET AU MANUEL DES CITOYENS.

Le bonheur est le port où tendent les Humains. (...)
L'homme veut être heureux, faux ou vrai, le bonheur
Est l'ame, l'aliment, l'idole de son cœur. (*Dulard.*)

AU TEMPLE DE LA VÉRITÉ

Et se trouve à PARIS,

Chez
- BARROIS jeune, quai des Augustins, N°. 8.
- DE SENNE, GATTEY, au Palais Royal;
- BOSSANGE & Compte. rue des Noyers; N°. 33.

1791.

A LA GLOIRE

DE L'ÊTRE-SUPRÊME,

« Dont la grandeur eſt élevée au-deſſus
» des Cieux, & dont l'Eſprit remplit
» l'Univers ». *Pſa. 8. 2. Sag. 1. 7.*

HOMMAGE A L'HUMANITÉ,

A LA NATION,

A LA LOI ET AU ROI,

Régénérateur & Défenſeur de l'Empire
& de la Liberté Françoiſe.

DE L'AMOUR
ET DE
SA SOUVERAINE PUISSANCE.

VOUS avez reçu, mes chers Concitoyens, avec indulgence & bonté, ce que j'ai tracé d'après les plus grands maîtres & les monumens les plus respectables de la Philosophie & de l'Histoire, dans mon *Epître à l'Humanité & le Manuel des Citoyens*, sur les droits & les devoirs de l'homme, la dignité de son être, la grandeur de son principe, ses hautes espérances, sa liberté & les justes & sages bornes qui la circonscrivent; enfin, sur ce qui peut le plus intéresser les cœurs, pour les rappeller à la concorde, à l'unité, qui est le lien des esprits & la source de la paix dans la Société.

Votre indulgence ayant secondé mes efforts, & le témoignage particulier d'approbation que la Section de la Bibliotheque a bien voulu me marquer, lorsqu'elle a daigné accueillir avec applaudissement ce petit Ouvrage, m'en voter des remercimens, & l'honorer d'une mention dans son procès-verbal de l'Assemblée du 28 Janvier 1791, & que la Municipalité de Meulan m'a renouvellé, en pareilles circonstances, toute la bienveillance dont elle m'honore. Tous ces motifs me ſont autant de raiſons d'en marquer toute ma ſenſibilité & ma reconnoiſſance, & de la témoigner par l'hommage de nouveaux travaux.

Toujours animé du même eſprit de paix, enflammé du même zele, du bonheur des hommes; & m'aidant avec gratitude de ce qu'ont dit & penſé de plus excellent les Auteurs eſtimables de tous les ſiecles, ſur les matieres importantes dont je me propoſe de vous entretenir, jettez donc, je vous prie, un coup d'œil ſur cette nouvelle production, & recevez-la dans l'eſprit qu'elle vous eſt adreſſée, comme ne voulant que fixer votre attention, & raſſembler ſous un même point de vue les grandes vérités qui ſont les baſes de la félicité humaine.

Le tableau de l'immenſité des cieux, ſur lequel vous avez maintenant les regards, dans un eſpace de deux pieds, vous offre le ſyſtême de l'univers & toutes les planètes dans une proportion de groſſeur & de diſtance. Et au centre du ſoleil, les caracteres ſymboliques de la Divinité, dont cet aſtre ſemble annoncer aux yeux toute la gloire, & répandre perpétuellement ſa divine influence ſur la raiſon, la philoſophie & la religion, & remplir l'univers de ſa magnificence. Ce tableau deſtiné à accompagner ce nouvel Ouvrage ſur l'Amour, déja vous en annonce les plus grands traits; car l'univers, toute la nature, eſt un acte de l'amour; c'eſt l'éclat de la *puiſſance*, de la *ſageſſe* & de l'*amour* ſuprême. Car, dit *Alcinous*, c'eſt parce que Dieu eſt bon, qu'il a fait le monde avec une providence admirable. Oui, dit *Seneque*, c'eſt la bonté de Dieu qui l'a porté à faire le monde. Il n'y a point d'autre cause, dit *Platon*, ce Philosophe païen, ce grand maître dans l'art de penser, qui ait porté Dieu à créer le monde, que sa bonté; car ce qui est bon, dit-il, n'est pas susceptible d'envie, & veut, autant qu'il est possible, que toutes choses lui ressemblent. Voilà la cause primitive, & ce sont-là les raisons justes & solides, dit *S. Augustin*, que Platon a données de la création du monde; car, comme Dieu est amour & charité, il aime à communiquer les trésors de ses perfections avec une bonté inconcevable.

Le tableau de la nature est donc le premier objet, après son auteur, que nous devons contempler. Car, qu'il y ait, dit *Ciceron*, un Etre suprême qui subsistera toujours, & qui mérite le respect & l'admiration des hommes, c'est de quoi la beauté de l'univers & la régularité des astres nous forcent de convenir...... Peut-on regarder le ciel & contempler tout ce qui s'y passe, sans voir avec toute l'évidence possible, qu'il est gouverné par une suprême, par une divine intelligence.... Est-ce donc être homme, continue ce célebre Orateur & Philosophe païen, que d'attribuer, non à une cause intelligente, mais au hasard, les mouvemens du ciel si certains, le cours des astres si régulier, toutes choses si bien liées ensemble, si bien proportionnées, & conduites avec tant de raison, que notre raison s'y perd elle-même.

Rien n'est si beau que ce spectacle. Je le répete avec *Leibnitz*, il n'y a rien de si beau, ni de si satisfaisant, que d'avoir une véritable connoissance du systême de l'univers, non-seulement à l'égard des corps, mais encore à l'égard des ſubſtances en général, & ſur-tout à l'égard de la nature de Dieu, & de celle de notre ame, créée à ſon image & reſſemblance, & qui eſt toute amour.

Car notre cœur n'eſt qu'amour ; il ne cherche, il ne fuit qu'emporté par l'amour dont la loi le conduit.

Rien n'eſt plus capable d'élever l'homme au-deſſus de lui-même & à ſon principe, que ce coup d'œil de l'immenſité des cieux. Car, dit l'Ecriture, la grandeur & la beauté de la Créature, peuvent faire connoître & rendre, en quelque ſorte, viſible le Créateur.

Par-tout ſa puiſſance, ſa ſageſſe & ſon amour éclatent; ſon ſceau eſt empreint ſur tous les Etres; ſa Trinité eſt par-tout manifeſtée. Dans les corps même, dont les dimenſions de *longueur*, de *largeur* & d'*épaiſſeur* conſtituent, faut-il dire, comme l'eſſence, & *nombre*, *poids* & *meſures*, les propriétés ou vertus : quel ſingulier rapport, & quelle unité dans ces trois termes, puiſqu'aucun ne peut être ſouſtrait ſans anéantir le tout!

Dans les eſprits, & particuliérement dans l'ame de l'homme, qui eſt tout *entendement*, *raiſonnement*, *volonté* ou *amour*, quelle reſſemblance avec la Divinité, dont la *puiſſance*, la *ſageſſe* & l'*amour* forment les trois Perſonnes, & conſtituent, faut-il dire, l'Eſſence; car Dieu eſt amour. Auſſi la reſſemblance de l'homme à Dieu eſt toute dans l'ame, puiſque l'homme n'eſt véritablement ce qu'il eſt, que par elle.

Auſſi, dit S. Auguſtin, c'eſt un grand ſujet à une ame de conſidérer qu'elle a reçu de Dieu tout ce qu'elle eſt, & qu'il ne l'a pas faite ſeulement pour être une foible trace de ſon pouvoir, comme ſont les créatures ſans raiſon; mais qu'il l'a créée à ſon image & à ſa reſſemblance, & l'a rendue digne d'entrer dans ſa gloire.

Mais, ô eſprit humain, ne cherche point à pénétrer dans l'eſſence impénétrable de la Majeſté divine. « Car celui qui veut ſonder la Majeſté, » dit l'Ecriture, ſera accablé de ſa gloire ». Sache ſeulement que ſon nom, le nom qu'il ſe donne dans l'éternité, eſt *Celui qui eſt;* l'*Alpha* & l'*Oméga*, le premier & le dernier, le commencement & la fin; que c'eſt en lui que nous avons *la vie*, *le mouvement* & *l'être*.

Car, de quelque côté que vous vous tourniez, dit *Seneque*, vous y trouverez Dieu à votre rencontre; aucune portion de l'univers n'eſt exempte de ſon être; il remplit lui-même tout ſon ouvrage par ſon immenſité.

L'inſenſé ſeul a dit dans ſon cœur: il n'y a point de Dieu.

« Vous qui êtes loin de moi, dit le Seigneur, » écoutez ce que j'ai fait; & vous qui en êtes » proche, reconnoiſſez les effets de ma puiſſance. » — C'eſt moi qui ai fait la terre, c'eſt moi » qui ai créé l'homme pour l'habiter; mes mains » ont étendu les cieux, & c'eſt moi qui ai donné » tous les ordres à la milice des aſtres ». (*Iſaïe*, 45. 12.)

C'eſt du méchaniſme de cet admirable & magnifique ouvrage, mes chers Concitoyens, que ce tableau vous offre l'idée. C'eſt-là où vous verrez les efforts de l'eſprit humain; car l'Aſtronomie ou la ſcience des aſtres, cette ſcience, dit *M. Bailly*, impofante par la grandeur de fon objet, curieufe par fes moyens de recherches étonnantes, par le nombre & l'efpece de fes découvertes, eft peut-être la mefure de l'intelligence de l'homme, & la preuve de ce qu'il peut faire avec du tems & du génie. Ce n'eft point, dit-il, qu'il ait trouvé ici la perfection qui lui eft par-tout refufée; mais dans aucun genre, l'efprit humain n'a déployé plus de reffource, ni montré plus de fagacité.

En effet, pénétrer dans les cieux; &, le compas à la main, tracer le cours des aftres, en calculer les mouvemens & les rapports, en déterminer la grandeur & la diftance; fixer fes regards fur le foleil lui-même, admirer fa beauté, fon action & l'effufion de fa lumiere qui éclaire tout; appliquer ces connoiffances aux befoins de la fociété; aider la Géographie; perfectionner la navigation; régler les jours, les mois, les faifons, les années, tous les travaux des hommes d'après fes obfervations & fes calculs, & rendre ainfi l'hiftoire intelligible, & pour les lieux & pour les tems; enfin, & à l'aide des inftrumens, pénétrer dans les efpaces; fonder l'immenfité des cieux; y reconnoître ce que l'œil n'y peut appercevoir, fe perdre dans leur immenfe profondeur, & faifi d'admiration & de refpect; reconnoître avec tous les hommes de tous les tems & de tous les lieux, la *puiffance*, la *fageffe* & l'*amour* de fon Auteur, eft la plus noble fin de cette fcience fublime.

Pour arriver à ces hautes connoiffances, l'homme a imaginé des fyftêmes, c'eft-à-dire, après grand nombre d'obfervations, il a cherché à disposer tellement par son génie l'ordre des parties de l'Univers, qu'elles se soutiennent toutes, & que leurs actions & tous leurs mouvemens s'expliquent les uns par les autres, & rendent enfin raison de tous les phénomenes & de l'ordre de la nature. Car il faut l'avouer, l'Être suprême qui a donné à l'homme la connoissance de ses devoirs & l'usage de toutes les créatures, ne lui a pas également fait connoître le secret des êtres & tout le méchanisme de l'Univers. Il sait que Dieu a tout fait avec *nombre*, *poids* & *mesures*, & que sa parole regle toutes choses; qu'il l'a créé pour l'aimer, admirer ses ouvrages & lui en rendre gloire; mais qu'il a laissé à l'expérience, au desir & aux recherches de l'esprit humain à poser les principes des Sciences & des Arts, à développer ces principes par de justes conséquences, enfin à pénétrer dans le sanctuaire des vérités physiques par le travail, par les soins & l'amour des connoissances & de la vérité.

Le plus noble usage que l'homme puisse donc faire de son intelligence, de ce feu divin qui l'anime, est de l'exercer sur ces matieres importantes qui sont, dit *Ciceron*, comme l'aliment propre & naturel de nos ames & de nos esprits qu'elles remplissent de satisfaction & de plaisir, par l'attrait qu'ils trouvent à se rapprocher par les connoissances de leur centre, c'est-à-dire, de l'Être suprême, source inépuisable de toute connoissance, de toute vérité & de toute science. Car la Divinité, dit *Jamblique*, est la source de toute lumiere comme elle l'est de la bonté.

Ainsi, mes chers concitoyens, il est du devoir commun de faire briller la vérité; chacun de nous ne doit point s'en occuper pour le ſeul attrait, le ſeul plaiſir qu'il trouve dans ſa recherche, il faut allumer ſon flambeau, répandre ſa lumiere; car nous ne ſommes pas nés ſeulement pour nous-mêmes, dit *Platon*, mais encore pour notre Patrie, nos parens, nos amis & nos ſemblables; nous devons mettre chacun du nôtre dans le fond de l'utilité commune, par un commerce réciproque & perpétuel d'offices & de ſervices pour ſerrer de plus en plus les nœuds de la ſociété humaine par toutes les eſpeces d'amour; c'eſt ainſi que nous ſeconderons le but & l'objet légitime de toutes les loix, qui ne ſeront jamais mieux obſervées que lorſque les hommes ſeront plus éclairés & plus inſtruits.

C'eſt alors que connoiſſant l'uſage & les limites de la liberté & du pouvoir, ils pourront répondre à l'égard de l'un & l'autre ce que diſoit Henri IV à ceux qui lui reprochoient ſon peu de pouvoir à la Rochelle: *Je fais*, dit-il, *dans cette Ville tout ce que je veux, en n'y faiſant que ce que je dois.*

C'eſt pour rappeller à ces véritables principes d'ordre que nous nous propoſons de traiter de l'amour. Cet aimant de l'humanité, ce poids des cœurs, la ſource des peines & des plaiſirs de l'homme & de ſon plus grand bonheur, lorſqu'il eſt éclairé; l'homme eſt fait pour l'amour; c'eſt l'aliment de ſon cœur; il n'eſt heureux qu'en aimant, mais en aimant ce qu'il faut aimer, & dans l'ordre qu'il le faut aimer; enfin, la vertu ſur la terre n'eſt autre choſe que l'ordre de l'amour. En ſavoir faire le choix, dit *S. Augustin*, c'est ce qu'on appelle *prudence;* n'en pouvoir être détourné par aucun mal, par aucun plaisir, par aucun orgueil, c'est ce qu'on appelle *force*, *tempérance & justice.*

Nous allons donc, mes chers Concitoyens, commencer, ainsi que l'ordre de cet ouvrage nous le prescrit, par jetter rapidement un regard curieux sur le méchanisme de l'Univers. Cet acte sublime de l'amour suprême, sans vouloir creuser dans l'abîme de ses décrets, nous exposeront ce que l'homme en peut savoir par les inductions des experiences multipliées, laissant le surplus à la connoissance de celui qui s'en est réservé le secret.

Le véritable systême du monde, & toutes les raisons de son méchanisme ne sont connues avec évidence que de Dieu seul. Les efforts des hommes pour arriver à cette connoissance l'ont conduit, après des expériences multipliées, à adopter le systême qui rend raison avec plus de vérité de tous les phénomenes de la nature. Celui de *Copernic*, expliqué par *Newton*, donne la plus grande idée de ce magnifique ouvrage. Dans ce systême, & c'est celui le plus universellement reçu, le *Soleil* au centre de l'Univers, comme l'éclat & l'image sensible de la gloire de l'Être suprême, & où il a établi sa *Tente*, dit l'Ecriture, est le centre de tous les mouvemens célestes. Cet astre éclatant, ce vaste océan de lumiere, dont l'effusion, continuellement prodiguée, est la source de toute celle que les Planettes se renvoient les unes aux autres, a de diamettre 319 mille 397 lieues, ou plus de 958 mille 191 lieues de circonférence, & fait une révolution sur lui-même en 25 jours 12 heures. *Mercure*, la Planette la plus proche du Soleil, de 1166 lieues de diametre, fait sa révolution autour de cet astre, dont elle est éloignée de 13 millions 456 milles 204 lieues, en 87 jours 23 heures. *Vénus*, que les anciens appelloient l'Etoile du matin & du soir, éloignée du Soleil de 25 millions 144 mille 250 lieues, a de diamettre 2748 lieues, & fait sa révolution autour du Soleil en 224 jours 18 heures, & sur elle-même en 23 heures 20 min.

La *Terre*, cette masse énorme dont le diametre est de 2865 lieues, ou, vulgairement dit, de 3000 lieues & 9000 de circonférence, est le séjour de l'homme, où se développe à son égard toute la magnificence & l'amour de l'Être suprême; où les Animaux, les Végétaux, les Minéraux, les Élémens, enfin toutes les productions de la Nature, concourent à satisfaire ses besoins & ses plaisirs par leur soumission, & son légitime Empire. Ce globe terrestre est éloigné du Soleil de 34 millions 761 mille 680 lieues, fait sa révolution sur lui-même chaque jour, en 23 heures 56 minutes, & présentant ainsi au Soleil dans cet espace de temps tous les points de sa circonférence, donne successivement à tous les peuples l'alternative des jours & des nuits; & avançant chaque jour progressivement sur l'orbe ou le cercle qu'elle décrit autour du soleil en 365 jours 6 heures, donne dans ces quatre points principaux les quatre saisons différentes, & forme l'année Solaire. — La *Lune*, son satellite, de

782 lieues de diametre, suit son mouvement en circulant autour d'elle à la distance de 86 mille 324 lieues, & réfléchit sous différentes phases, la lumiere qu'elle reçoit du Soleil, relativement aux divers aspects qu'elle a avec cet astre & la Terre qui lui fait ombre. *Mars*, dont les mouvemens sont peu connus, est éloigné du Soleil de 52 millons 966 mille 122 lieues, est supérieur à la terre, dont il est distant suivant qu'il est en opposition ou en conjonction, de plus de 18 à 87 millions 727 mille 802 lieues, a de diametre 1899 lieues, & fait sa révolution autour du Soleil en un an 321 jours 22 heu., & sur lui-même en 24 heures 40 minutes.

Jupiter, le plus bel astre du firmament, dont le diametre est de 32 mille 264 lieues, est éloigné du soleil de 180 millions 794 mille 791 lieues, & de la terre suivant qu'il est en opposition ou en conjonction, de plus de 146 à 215 millions 556 mille 471 lieues, fait sa révolution sur lui-même en 9 heures 56 minutes, & autour du soleil en 11 ans 33 jours, accompagné de ses quatre Satellites.

Saturne, la plus éloignée & la moins brillante de toutes les planètes à cause de sa prodigieuse distance, à 28 mille 600 lieues de diamètre, & est à 331 millions 604 mille 504 lieues du soleil, & de la terre, suivant qu'il est en opposition ou en conjonction, à plus de 196 à 366 millions 366 mille 184 lieues, fait sa révolution autour du soleil en 29 ans 155 jours, suivi de 5 Satellites ou Lunes, & d'un anneau de lumiere.

Les *Comètes*, espece de planètes à queue lumineuse, qui se meuvent en tous sens autour du ſoleil, & qui ſont de longues excurſions dans les régions extrêmement éloignées de l'univers, ſont, à notre égard, les dernieres limites du ſyſtême entier du monde. Le Docteur Halley a déterminé que le plus long axe de l'orbe de la Comète de 1680, dont la période eſt de 575 ans, eſt de 3 milliards 733 millions 983 mille 900 lieues. Ces aſtres, autrefois l'effroi des peuples, paroiſſent aujourd'hui aux yeux de tous les Savans, formés de la main du Créateur, pour embellir la nature & augmenter la pompe de l'univers.

Tel eſt l'ordre du ſyſtême ſolaire ſous le firmament, ſuivant les Aſtronomes les plus célebres. Mais quelles ſont les loix que ſuivent ces maſſes énormes pour l'harmonie de l'univers? *Deſcartes* & *Newton*, ces deux génies du premier ordre, tous deux excellens Géomètres, ont ſenti la néceſſité, ainſi que tous ceux qui ont marché ſur leurs traces, de reconnoître que tous les mouvemens de la nature ont pour cauſe efficiente l'action permanente du Créateur.

Le principe du mouvement, dit M. *de Gamache* dans ſon *Aſtronomie phyſique*, eſt un principe général; il ne faut donc le chercher que dans la volonté toute-puiſſante d'un Etre ſuprême qui range à ſon gré toutes les parties de l'univers, & qui met entr'elles tous les rapport, que bon lui ſemble. Je ne fais point difficulté dit *Platon*, de dire affirmativement que Dieu ſeul eſt la cauſe de ce mouvement, & qu'il eſt impoſſible que cela ſoit autrement; car il faut de néceſſité, ſelon *Ariſtote*, que nous en venions à un premier moteur qui ne ſoit point mu par un autre.

Mais

Mais c'eſt une idée ſublime, dit M. *Bailly*, d'avoir tenté de ramener les loix du mouvement général de l'Univers, aux loix du mouvement des corps terreſtres. Elle eſt due à *Deſcartes*; mais ce que Deſcartes s'étoit propoſé, *Newton* l'exécuta. Tous les corps, ſelon ce Philoſophe célebre, peſent les uns ſur les autres, ou s'attirent en raiſon directe de leur maſſe, & en raiſon inverſe des quarrés de diſtances. Dans ce ſyſtême, l'on reconnoît comme loi générale de la nature, que l'attraction que l'on nomme indifféremment la peſanteur ou la gravitation, & qui ne ſont autre choſe que la tendance permanente des corps les uns vers les autres, & vers certains centres communs, ſont la loi véritable des Planètes qui, obéiſſant toutes au mouvement primitif, imprimé par le Créateur, ſont obligées de circuler chacune autour de leur centre de gravité, & de faire autour de ce point la fonction de ſatellite, en lui laiſſant décrire un orbite régulier dont le Soleil ſera le centre. Ainſi le Soleil attire, Mercure, Vénus, la Terre, Mars, Jupiter & Saturne, avec tout ce qui les environne. La terre attire la Lune, Jupiter ſes ſatellites, & Saturne les ſiens; & chacun des cinq ſatellites de cette derniere Planette peſe ſur les quatre autres, & les quatre autres ſur lui; tous les cinq peſent ſur Saturne, & Saturne ſur eux; le tout enſemble peſe ſur le Soleil, & le Soleil ſur le tout.

Quelle géométrie, dit M. de *Fontenelle*, a été néceſſaire pour débrouiller ce cahos de rapports! Il paroît téméraire de l'avoir entrepris, & on ne peut voir ſans étonnement que d'une théorie si abstraite, formée de plusieurs théories particulieres, toutes très-difficiles à manier, il naisse nécessairement des conclusions toujours conformes aux faits, établies par l'astronomie.

Cette hypothese de l'attraction, cette force inconnue fournit à la physique un fil secourable qui la conduit avec toute la certitude & toute la précision possible dans le dédale de la nature; c'est un flambeau lumineux qui éclaire sa marche, qui lui dévoile avec la plus parfaite exactitude les phénomenes avant l'observation, une théorie d'où l'on déduit facilement par le calcul tous les mouvemens des corps célestes, & l'explication de presque tous les grands phénomenes de la nature.

Enfin les bornes qui, dans les deux routes contraires, ont pu arrêter *Descartes & Newton*, ces deux hommes célebres, ne sont pas les bornes de leur esprit, mais celles de l'esprit humain qui ne peut comprendre toutes les œuvres du Créateur, & toutes les regles de la sagesse qui veut pour l'harmonie générale & la tendance à l'union, à l'unité que tout dans la nature agisse par réciprocité, que tous corps attirent les corps par lesquels ils sont attirés, & chacun en raison de leur masse, & s'entretiennent ainsi les uns avec les autres par une espece d'amitié, pour me servir des expressions d'*Empédocle*, rapportées par *Ciceron*, qui reconnoît lui-même que nous voyons dans toute la nature que chaque chose cherche son semblable, & le tire violemment à soi.

Quel méchanisme inconcevable, quelle harmonie résulte de l'unité des loix d'impulsion, d'attraction & d'affinité, aussi inviolable parmi les corps, que l'amour, ce principe divin, la loi des cœurs, l'est parmi les êtres intelligens.

Peut-on ne pas être dans la plus profonde admiration, lorsque nous voyons qu'une seule & même loi de mouvement s'observe dans des corps si prodigieusement éloignés, & produit une régularité si harmonieuse?

O spectacle étonnant du Ciel, au-dessus de la région des Planettes; quelle magnificence; des milliers d'étoiles dont on reconnoit les positions fixes & respectives, brillent de leurs propres lumieres, &, comme autant de Soleils étincelent dans les Cieux! O prodige! La plus brillante, la plus grosse, la plus proche de toutes, *Cyrus*, que M. Cassini estime avoir 33 millions de lieues de diametre, est à plus de 700 mille millions de lieues de distance; & notre œil les apperçoit! & ces étoiles sont innombrables. Un bon Tellescope nous en fait appercevoir des millions de millions, jusqu'à ce que par leur distance immense elles échappent à la vue aidée des meilleurs instrumens. Quelle est donc l'étendue du firmament entier qui embrasse dans son enceinte tous ces différens corps? Peut-on y penser sans être confondu, troublé, épouvanté; c'est un abyme où l'on se perd, où l'imagination même n'a plus de prise.

M. *Huygens*, qui a démontré qu'il faudroit à un boulet de canon, pour arriver au Soleil, près de 25 ans, dit que pour arriver à l'étoile fixe la plus voisine de la Terre, il lui faudroit 691 mille 600 ans. Que faut-il donc penser des étoiles fixes qui sont infiniment plus éloignées de nous, & de l'espace qui les contient? Encore une fois notre esprit se confond, il se trouble & se perd dans cette immensité. « L'Univers est si vaste, dit *Pascal*, qu'on peut le comparer à une sphere infinie, dont le centre est par-tout, & la circonférence nulle part ».

Cette immensité est comme le caractere & le sceau de l'Etre suprême; à cette vue nous sommes comme forcés de reculer & d'avouer notre néant, & de reconnoître avec S. *Cyrille* que *la philosophie est le Catéchisme de la foi.*

Qu'après avoir ainsi pénétré dans la profondeur immense des cieux, & reconnu plutôt les limites de l'esprit humain & de son imagination, que les bornes de l'univers; avoir déterminé la grandeur, la distance, & calculé tous les rapports du mouvement des planètes, l'homme rappelle son entendement exalté, & l'exerce sur la terre, son domaine. Qu'il jette un regard également curieux sur les corps & tous les êtres qui l'environnent de toutes parts, quels nouveaux prodiges d'amour suprême! Qu'il contemple la magnificence de son séjour, & les richesses qui lui sont prodiguées. Qu'après l'examen de tous les êtres vivans qui tombent sous ses yeux, & l'étonnent par leur forme, leur industrie & leur prodigieuse grosseur; qu'à l'aide du microscope, il entre dans un nouveau monde, inconnu à ses sens, où il apperçoit à l'aide de cet instrument des êtres vivans, tels que dans une goutte d'eau, de l'écume verte qui flotte sur l'eau, il peut en compter des milliers, & dont on apperçoit tous les organes: ô prodige! notre imagination qui s'est anéantie dans l'infini des corps existant dans les cieux, se perd ici dans l'infini en descendant; elle s'est étendue jusqu'à l'immensité ; ici, elle diminue en s'approchant de plus en plus du néant, sans cependant jamais y atteindre. Ici, les deux extrêmes se touchent par une égale incompréhensibilité ; la même puissance, la même sagesse se découvrent par-tout. La Nature ne renferme rien de bas ; tout y est sublime ; tout y est digne d'admiration. Le plus petit de tous les insectes est un ouvrage doué de tant de perfections, que toutes les forces humaines ne peuvent même imiter. Dieu seul peut opérer ces merveilles. Des Artistes habiles sont parvenus à faire des ouvrages où brillent un art & une délicatesse qu'on ne peut s'empêcher d'admirer ; mais, quand on examine ces ouvrages avec le microscope, & qu'on les compare avec les insectes vivans, on y trouve que, d'un côté, tout y y paroît fini & travaillé avec tout l'art possible, & que les chef-d'œuvres de l'art humain y paroissent grossiers & raboteux. Enfin l'examen des trois regnes de la Nature, c'est-à-dire, des animaux, des végétaux, des minéraux, offrent chacun des objets de contemplation, incompréhensible à l'homme ; leur différence même, qui paroît si distincte au premier coup d'œil, est un mystere pour l'observateur ; la distance que Dieu a mise entre ces trois regnes, est si peu sensible, qu'on a peine à séparer les extrémités par lesquelles ils se tiennent. En un mot, la Nature est un miracle perpétuellement subsistant par la puissance de son auteur.

Que maintenant l'homme se fasse ces questions en se considérant lui-même ; qu'il se dise : *D'où viens-je? Où suis-je? Où vais-je?* Est-ce un enchantement ? Il sentira, dans cette immensité où tout l'émeut, tout l'étonne, que, malgré l'évidence de la puissance, de la sagesse & de l'amour suprême qui éclate dans ces merveilles,

La Nature est muette ; on l'interroge en vain.
On a besoin d'un Dieu qui parle au Genre humain.
Il n'appartient qu'à lui d'expliquer son ouvrage,
De consoler le foible, & d'éclairer le sage :
L'homme au doute, à l'erreur, abandonné sans lui,
Cherche en vain des roseaux qui lui servent d'appui.

(*Voltaire*)

Mais Dieu a parlé, dit *Lactance*, & il a parlé comme il falloit qu'un Dieu parlât, & comme étant le Juge souverain de toutes les créatures, à qui il appartient, non pas de prouver, mais de prononcer la vérité.

Il a fait un ouvrage au milieu de nous, qui, détaché de toute autre cause, & ne tenant qu'à lui seul, remplit tous les tems & tous les lieux, & porte par toute la terre avec l'impression de sa main, le caractere de son autorité; c'est Jesus-Christ & son Eglise. Il a mis dans cette Eglise une autorité seule, capable d'abaisser l'orgueil, & de relever la simplicité; & qui, également propre aux savans & aux ignorans, imprime aux uns & aux autres un même respect, un même amour.

Vous qui refuseriez de croire nos mysteres parce que vous ne les comprenez pas, est-ce donc, demande S. Grégoire de Nice, que vous comprenez mieux les mysteres de la Nature? Comprenez-vous la grandeur énorme de ces astres qui roulent jour & nuit sur nos têtes, la rapidité de leur course, la régularité de leurs mouvemens, la diverſité de leurs influences ? Comprenez-vous comment un ſeul ſouffle d'air eſt capable de bouleverſer les eaux de la mer juſqu'au fond de ſes abîmes, & comment un ſeul grain de ſable ſuffit pour la contenir dans ſa fureur ? Comprenez-vous comment dans un arbriſſeau, le même ſuc qui s'éleve de la terre ſe change tantôt en bois, & tantôt en feuille, tantôt en fleurs, & tantôt en fruits ? Comment dans le plus petit inſecte il ait pu entrer des organes ſi déliés, qu'on peut à peine les appercevoir, & ſi raviſſans, qu'on ne peut ſe laſſer de les admirer ? Comprenez-vous ſeulement ce qui ſe paſſe en vous-même ? Or ſi ce pouvoit être un principe que de douter de nos myſteres, parce qu'on ne les comprend pas, on douteroit donc auſſi de tout ce que l'on voit, parce que nous ne le comprenons pas mieux. Avouez donc avec S. *Cirille*, je le répete, *que la philoſophie eſt le Catéchiſme de la foi..*

Quelle eſt donc la grandeur, la puiſſance, l'immenſité de celui qui a formé d'une ſeule parole, & ces maſſes énormes & les eſpaces qui les contiennent & toutes les créatures ! Car le Tout-puiſſant, dit l'Ecriture, eſt au-deſſus de tous ces ouvrages ? Qui racontera les œuvres de ſa puiſſance, qui ſera entendre toutes ſes louanges ? qui ſera capable de compter ſes ouvrages ? qui pourra pénétrer ſes merveilles ? On ne peut ni diminuer, ni ajouter rien aux merveilles de Dieu ; & elles ſont compréhenſibles. Lorſque l'homme ſera à la fin de cette recherche, il trouvera qu'il ne fait que commencer ; & après s'y être long-tems appliqué, il ne lui en demeure qu'un profond étonnement. (Ec....que 18).

En relevant sa grandeur, fortifiez-vous de plus en plus : ne vous lassez point dans cet exercice, car vous ne comprendrez jamais ce qu'il est. Nous multiplierions les discours, & les paroles nous manqueront ; mais l'abrégé de tout ce qui se peut dire, est qu'il est l'ame de tout; il a fait que tout tend à sa fin par un ordre stable, & sa parole regle toute chose (Ec..que 43).

Loin de rien décider sur cet Être suprême,
Gardons en l'adorant un silence profond;
Sa nature est immense, & l'esprit s'y confond:
Pour savoir ce qu'il est, il faut être lui-même.

Ce Dieu, Maître absolu de la terre & des cieux,
N'est point tel que l'erreur le figure à vos yeux.
L'Eternel est son nom, le monde est son ouvrage;
Il entend les soupirs de l'humble qu'on outrage;
Juge tous les mortels avec d'égales loix;
Et, du haut de son trône, interroge les Rois. (1)

C'est le Dieu des Chrétiens, c'est le mien, c'est le vôtre;
Et la terre & le ciel n'en connoissent point d'autre.
Sa bonté, son pouvoir, sa justice est immense;
C'est lui seul qui punit, lui seul qui récompense. (2)

Justes, ne craignez point le vain pouvoir des hommes;
Quelqu'élevés qu'ils soient, ils sont ce que nous sommes.
Si vous êtes mortels, ils le sont comme vous.
Nous avons beau vanter nos grandeurs passageres,
Il faut mêler sa cendre aux cendres de ses peres;
Et c'est le même Dieu qui nous jugera tous. (3)

J'ai vu le triomphe du crime;
J'ai vu le méchant exalté. (4)

---

(1) Racine.
(2) Corneille.
(3) J. B. Rousseau.
(4) L'Abbé Desfontaine.

J'ai vu l'impie adoré sur la terre ;
Pareil au cèdre, il cachoit dans les cieux
Son front audacieux.
Il sembloit à son gré gouverner le tonnerre,
Fouloit aux pieds ses ennemis vaincus :
Je n'ai fait que passer, il n'étoit déja plus. (5)

Celui qui met un frein à la fureur des flots,
Sait aussi des méchans arrêter les complots.
Soumis avec respect à sa volonté sainte,
Je crains Dieu, cher Abner, & n'ai point d'autre crainte. (6)

Que peuvent contre lui tous les Rois de la terre?
En vain ils s'uniront pour lui faire la guerre;
Pour dissiper leur ligue, il n'a qu'à se montrer:
Il parle, & dans la poudre il les fait tous rentrer. (7)

Ouvrez, ouvrez les yeux, & laissez-vous conduire
Aux divins rayons de sa foi.
Heureux celui qu'il daigne instruire
Dans la science de sa Loi !
C'est l'asyle du juste, & la simple innocence
Y trouve son repos ; tandis que la licence
N'y trouve qu'un sujet d'effroi. (8)

Mortels, il est un Dieu; vous en êtes l'image:
Aimez-le comme tel, & révérez ses Loix.
La foi qui de vos cœurs exige cet hommage,
L'exige également des Bergers & des Rois. (9)

Enfin, mes chers Concitoyens, je vous dirai avec l'Ecriture : « Ecoutons tous ensemble la fin » de tout ce discours, *craignez Dieu & observez* » *ses commandemens, car c'est-là le tout de l'homme* ». (Ec...te, 12. 12. 13.)

Et quels sont ces commandemens? *Amour* &

---

(5) Racine.
(6) *Idem.*
(7) *Idem.*
(8) Rousseau.
(9) Gomberville.

Charité; de nous aimer les uns les autres, & de l'aimer comme il nous a aimés. Voilà la source de l'amour qui doit embraser tous les cœurs & animer toutes les différentes affections humaines, & qui doit être la regle enfin de toutes les especes d'amours dont nos cœurs sont susceptibles. C'est par lui que l'amour de nous-mêmes devient légitime, & la regle de celui du prochain; que celui des deux sexes est rendu recommandable; que l'hymen qui unit deux cœurs, jouit sans remords de cette douce société, instituée pour la procréation & le bonheur des individus. C'est l'amour suprême qui met l'ordre par-tout. C'est lui qui regle l'amour paternel & maternel, l'amour filial & fraternel, l'amour des proches, l'amour d'amitié, de reconnoissance, l'amour de la Patrie qui les rassemble tous. Enfin, c'est par cet amour divin, que toutes ces especes d'amours sont placées chacune dans leur ordre par leur rapport à leur principe, & que l'amour des sciences & toutes les autres especes d'affections humaines sont dirigées vers leur véritable fin, le bonheur de l'Humanité.

Le Tableau que j'ai l'honneur de vous mettre sous les yeux, n'a d'autre but que de donner de grandes idées, & d'élever l'ame par la magnificence de la Nature, & rappeller sans cesse, par les yeux, à l'esprit & au cœur de tous les Citoyens, la grandeur & la majesté de l'Etre Suprême, ce juge & témoin des actions & des pensées des hommes, & devant qui ont particuliérement à répondre les Fonctionnaires publics, tous les Juges, enfin tous ceux qui, en quelque maniere que ce soit, ont part à l'administration de cet Empire, & à rappeller tous les Peuples à l'union, à la concorde, à l'unité que manifeste l'harmonie de la Nature dans les Etres même privés de raison; enfin, ce seroit pour inviter à cette loi d'amour, de justice, source unique de félicité & de bonheur, que notre desir seroit de pouvoir multiplier ce Tableau, pour être mis sous les yeux de tous nos Concitoyens, dans tous les Départemens, les Sections de la Capitale, les Municipalités, les Tribunaux du Royaume, les Colléges, Ecoles publiques; enfin dans tous les endroits où doivent être placés la Déclaration des Droits de l'Homme & le Discours du Roi.

Car, c'est sous les yeux du Souverain Etre, juge des cœurs & des sermens que tous les Juges rendent la justice; c'est donc avec justice & intégrité, que les Citoyens doivent juger leurs freres. Il faut, dit *Seneque*, que vous soyez justes sans intérêt; car la plus belle récompense de la justice, est celle d'être juste. C'est par le double amour de la patrie & de la justice, de cette vertu que Cicéron appelle la Vertu par excellence, la Maîtresse & la Reine des Vertus, que les Romains ont fait tant d'actions éclatantes, qui leur ont mérité l'admiration de tous les peuples, de tous les siecles, & qui ont porté leur empire à un si haut point de gloire & de puissance. Ce sont ces vertus qui gagnent la bienveillance, attirent la confiance, impriment l'admiration & le respect; enfin, on ne peut trop le répéter, elles sont l'unique soutien de la liberté, de la société civile, la mesure de sa prospérité, & la source, en un mot, de la félicité & du bonheur des Empires.

NOTA.

Si nos Concitoyens jettent un regard favorable sur cet essai, je me propose, pour accompagner cet ouvrage, de faire graver le Tableau que j'ai tracé du Spectacle des Cieux ou Systême de l'Univers.

Comme ce Tableau est dans une proportion de plus de deux pieds, & que cette grandeur peut être incommode pour accompagner l'ouvrage, suivant que l'on témoignera le desir de l'avoir, nous le ferons graver en grand, pour être mis sous verre, & remplir sa destination principale, d'être placé dans toutes les Assemblées & Tribunaux du Royaume, & pour être joint à cet essai réduit à une forme moyenne & moins dispendieuse. A cet égard, le vœu marqué de nos Concitoyens nous déterminera, s'il leur plaisoit faire connoître leur intention d'y coopérer, nous les prions de vouloir bien se faire inscrire chez l'un des Libraires indiqués au frontispice, afin que l'on puisse juger si l'on pourroit satisfaire aux frais de gravure & d'impression.

Le dessein de ce Tableau sera mis sous les yeux.

De l'Imprimerie de N. H. NYON, rue Mignon.

www.ingramcontent.com/pod-product-compliance
Ingram Content Group UK Ltd.
Pitfield, Milton Keynes, MK11 3LW, UK
UKHW020525180726
13839UKWH00005B/2316